피오르드 물빛

한국의 단시조 023

피오르드 물빛

정정용 시집

책만드는집

| 시인의 말 |

꽃은 씨앗이 되기 위해 제 몸을 말리고 씨앗은 꽃이 되기 위해 물기 적셔 몸을 불립니다. 그리고 꽃과 씨앗의 간극에 어우러진 시간들을 언어화한 것이 詩이고 生이었습니다.

별빛이 익을 때까지 우려낸 언어, 그것들이 저의 간절한 염원이란 믿음으로 우려내고 또 우려내는 것입니다. 이것만이 제 영혼을 위무하는 참된 기쁨이고 행복이기 때문입니다.

나는 좀 더 움터 오르기 위해 더더욱 긴장하는 시간들을 찾아내 인생의 날 새기 공부를 계속할 것입니다.

—2018년 봄

봄내 정정용

| 차례 |

2부 그대 위한 설악

3부 아버지 그 아버지의 바다

4부 빈집

5부 베네치아

1부

피오르드 물빛

피오르드fjord 물빛

은 같고 옥 같고
혹은 눈 같은 물빛

계절 따라 날씨 따라
구름 방향에 따라

잎새들 빛깔과 표정에

뜨고 지는

해와 달.

내 마음의 무릉도원

풍경이
풍경을 포개어서
첩첩산중이 되고

산 아래 또 어울린 산
사람보다 산이 많다

그쯤에 물이 물을 따라

호수 하나

안고 가네.

소양호 사람들

그 어디 묻어두었던 천만 가지 풍경인가

별무리 표정이 익어 둥지 틀고 사는 사람들

풍토의 어둠 너머에

눈물 깊은

세월이야.

춘천 눈빛

소양호가 끌고 가는
산그늘 그 어디쯤에

잠복한 꽃잎들이
하나 둘 눈을 뜨면

동행한 갈대밭 하늘이

강물 되어

흐른다.

춘천 이미지 1

창 너머 찾아온 산색
반눈 뜨고 바라본다

수채화 감상하듯
꽃물 들이는 봄내春川 바람

입 맞출 푸른 산맥이

불야성을

이루네.

춘천 이미지 2

문 닫고 불을 끄니
산맥 하나 누웠네

정녕코 달 밝은 것이
이같이 어우러져

청산이 내 곁에 와서

한 세월을

넘나든다.

소양호 표정

내 그리움은 소금 되어
하얗게 반짝인다

눈 감고 듣던 이야기
설득당한 언덕처럼

등 굽은 미련을 적시며

뜨고 지는

노래여.

소양호에서

슬픔은 슬픔끼리
친화하여 여울이 되고

기쁨은 기쁨끼리
출렁이며 휴식한다

소양호 타는 울음이

사람 세상

적신다.

유월의 산색

눈썹 위에 걸린 유월
산색 푸른 영혼이야

산과 산 물과 물이
궁합을 맞추고 있다

내밀어 닿을 수 없는

그리움만

지척일 뿐.

삼악산 그대

때마침 삼악산이
비를 맞고 있었다

저 빗줄기의 목적은
사람을 키우는 일

산허리 메밀꽃 점점이

야심토록

피었다.

목련

가슴앓이 울 너머엔
갈증이 황홀한 너

첩첩 산 유혹에도
떼봄은 한가롭고

편지의 구절구절이

붕대 풀 듯

피어난다.

욕망

이 대비 한 자루가
내 영혼의 심지야

당당한 획순 하나
긋고 싶은 욕망 곁에

산맥의 등뼈는 깊고

결빙은

빛나다.

정정용 운韻

시인의 강물 그 아래
북극성 같은 시를 읽는다

외진 곳 무너진 곳이
닻을 놓듯 정겨울 때

그대의 가락이 틀어둔 둥지

아, 「봄내」는

달빛인걸.

김유정 생각

우리가
가는 길엔
현실적인 침묵이 있다

잡힐 듯
사라져버린
당신의 힘겨운 모습

하늘 끝 허기진 세월에

혈맥 같은

저 금병.

허균 생각

금침을
꽂아두고
번뇌의 공간을 난다

햇살 밝은
세상에선
옷자락도 골이 깊어

그 정녕 환생의 끝은

풀잎들로

피어난다.

황진이

차바퀴
돌아가듯
이 산다는 그리움이

연약한
신경에도
갯가를 떠도는 바람

해설피 저물던 눈자위에

시든 풀잎

눈을 뜬다.

바느질

등허리에 흐르는 허기
찬 바람 스쳐 간다

별빛이 익을 때까지
화로에 담아둔 불씨

인두 끝 베동정이 펴지면

세월 깁는

어머니.

산 하나의 노고봉*

땅을 지킨 산 하나가
기다림을 대물리고

푼수 없이 흘려보낸
물길은 아득하여

하늘에 소문을 모아

노고봉이

컸다네.

* 필자 어머니가 계신 산소.

어머니 생각

별 보면 병이 깊어
그 병에 빠져 있다

눈물이 제 살 허물어
아무리 달려간들

꼬리 긴 그리움 너머

문명文名 하나

밀려온다.

청산 하나의 그리움

비상하던
머언 산
꿈을 꾸지 않는다

손 쳐 부르나니
눈썹처럼 가까운 이름

닦아서
빛나던 창유리가
청산 하나를
넘는다.

2부

그대 위한 설악

그대 위한 설악

설악은 만남이다
숨결이다 전율이다

바람 소리 깊은 밤
숲들은 음흉한데

기억의 기침 소리 너머에

꽃이 벌 듯

피는 그대.

미시령 말씀

구름 위 구천에는
아스라한 눈길 끝

들리는 이 밟히는 이
전설이 된 동해바다

찬 바람 소란한 사랑을

뒤척이는

미시령.

용대리 사람들

소나기가 말을 타고
한바탕 몰려간 뒤

설악이 띄워 올린
향기도 풀어놓고

요기 떤 보랏빛 환상을

그린 듯이

엮었다.

남대천 연가

새 둥지 깊은 향수에
김 서린 이 그리움

눈물이 쏟아지고
부산 떠는 기침 소리가

환생의 불길 너머로

새물 타는

연어인가.

설악의 사계 · 봄

금환식의 자리에
피어나는 미릅나무

예리한 햇살에
연둣빛 기질이 커져

설악이 터뜨린 소리가

그리움에

닿았어.

설악의 사계 · 여름

은유 속의 젖무덤은
풀밭에 쏟아지다

유년의 파도 소리 또한 나직한 방언인데

이럴 때 세상의 시간은

밤도 낮도

설렌다.

설악의 사계 · 가을

세상은 골이 붉어
꽃이 되거나 별이 된다

그림자 놓인 자리에
유리처럼 투명한 항구

잔뿌리 깊어지면서

애간장이

타는 밤.

설악의 사계 · 겨울

시간은 잠들지 못하고
쉴 새 없이 들썩인다

나목들의 퇴적한 꿈
설악에 집을 짓고

유혹의 귓부리 위에

적설의 꿈이

시리다.

환상 · 대청봉

전설로 떠다니는
내 사랑의 목마름

발소리 죽이며
하늘 한쪽에 다가서면

뜨거운 눈물방울이

설악산을

넘겠네.

연시풍 설악

그대가 오시는 날
심지를 돋운 램프

차올라도 잠기지 않는
동해바다의 육체

강물은 흘러서 크지만

산은 선 채로

든든하다.

만물상 바람개비

뜨겁고 차가운 것
하늘을 다시 날고

만월이 은은히도
축등인 양 켜질 때

과묵한 바람개비에

물소리가

득도했어.

온정리 주변

흐린 눈 자꾸 비비네 외금강 온정리 길

맑은 그 온천 기운 마을을 가로질러

푸른 숲 숨은 노래가

몸 섞으며

가고 간다.

금강 개화開花

봄이 다가오면
꽃샘이 목마르다

자꾸 벌린 주둥이
네 휘파람 날리면

참, 고것 희한하게도

아우성이

벙근다.

금강 비천飛天

어젯밤 내 꿈속에
굽 높은 발자국을 찍어

방 같은 아픔에 들어가
끝끝내 잠들고 말았네

한 자락 현금의 갈증이

금강 되어

나시는가.

구룡연 풍경

지상이 다르기는 저마다 제각각이라

바윗등에 다가가서 우리 생을 노래한들

저 봉황 날개에 올라

희로애락

띄운다.

구룡연 꽃대

낯선 저녁이 독수공방을 꽃대에 올린다

불 켜는 이 지상은 꽃대 가득 사연이 타고

바람의 한 사발 울음이

기다림을

심었네.

침묵

햇살이 손짓하니
안개가 달아나고

안개 속 살덩이가
이슬방울을 오르네

세상은

덧없는 몸부림

다만 외로울 뿐.

적벽강에서

겨울과 봄 사이 방황하는 바다의 기슭

놓쳐버린 영혼은 멀어 율리시스가 되고

노래의 입술을 빌려

파도들이

몰리네.

비로봉의 시

낯선 것이 비로봉
신선이 학을 탄다

동해바다 발치에 걸린
구름 떠난 신령한 빛

청산을 마주하고도

나는 되레

뜨겁다네.

꿈속에서

그녀는 내 가슴에
구차한 색칠을 한다

묵은 색깔 쓸어내고
겹겹이 펄럭인다

치밀한 영혼의 굶주림

하늘 위에

세운다.

3부
아버지 그 아버지의 바다

아버지 그 아버지의 바다

내 기억의 바다에
일렁이는 하루

아버지는 물길을 열어
이 지상은 멀어지고

그 눈빛 산천에 젖어

발자국을

찍고 간다.

우리, 동강 가는 노래

동강의 날개가
하늘을 다 덮었다

넉넉한 가슴으로
지상을 감싸 안고

그새에 사람을 길러

이 세월을

흘렀다.

비오리 생각

누워 있는 벌판에
실뱀 같은 강이 지난다

해돋이 풀밭을 가면
투명한 바람 불고

정녕코 저 질펀한 물면이

띄워 보낸

비오리 떼.

행복한 자연

어라연 산세 앞에
힘이 절로 느껴진다

수달과 비오리도
행복한 한집 살림

산에는 노루와 산돼지

함께 펴는

굿이다.

가수리 물길

철 늦은 길을 가는 물길 따라 걷다 보면

심성 고운 사랑 하나 소문처럼 내려와서

가수리 그 기다림의 세월만

갈망처럼

고였네.

동강 따라가는 뗏목

굽이 지난 여울마다 경멸하듯 산그늘 눕고

풀어헤친 자존심처럼 노래 몇 소절 없을 건가

꽃가루 물살에 어리듯

하늘에는

별이 떴다.

길 · 동강과 청산

상류에 가까울수록 꿈같은 날이 온다

제 속에 비치는 물 독경처럼 흘러서

적막의 골짜기마다

길 지우며

눈이 온다.

동강의 사계 · 겨울

겨우내 겨우 요만큼 용서받을 사랑 하나

동면의 하늘가에 내통하는 섶다리

내 목숨 비좁은 길목에

깃발 들고

숨었어.

돌너와집 풍경

장마에 지붕돌이 환란처럼 비를 맞고

뇌성벽력 칼을 날려 번쩍번쩍 내려와도

돌너와 그 든든한 중심이

심장처럼

따습다.

아우라지 별곡

눈이 부신 섬광이야 길 떠난 동강의 물

벼슬 버린 일곱 신하 배를 띄워 시를 쓰고

여량 땅 아우라지 나루

노랫말에

떠간다.

바다 나들이

갈매기 몇 마리를
날리던 바다가

수족 같은 날개를 접고
푸른 넋을 달래다가

입 맞출 언덕을 향해

망부석같이

서 있다.

모래톱 연가

모래톱이
하늘이던가
구름들이 비껴간다

파도는 그 모래톱을
몇 번이고 벗겨 갔다

겹겹이 옥양목 홑청을

비단처럼

널어놓으며….

경포호 주변

첫사랑 같은 저녁 안개가
경포호를 감싸고 있다

대관령이 지척인데
풍경은 해설프고

경포호 부새잡이들

미련처럼

잠겨 있다.

하늘 위에 경포

동백나무 따위들이
맘먹고 어우러져

영서 이백 리는 어디론가
떼어 메고 간 환멸!

절망을 모르는 자들이

하늘 가까이

엿듣네.

여름날의 남애

파도야 죽음 뒤에
환생하는 흰 새 떼

꽃처럼 흘러가고
혹은 바람이 되어

아직은 더 태울 게 남아

물소리로

사라진다.

처용 아내의 허벅지에 바다가 찾아왔다

흰 달빛 바다를 향해
허기를 내렸다

반월성 고개 너머
양지마을 풀잎이 큰다

아내는 겨울 숲의 무한함을

녹여내고

있었다.

죽도 만월

남대천의 허물이 죽도가 되었다네

애절한 파도를 타고 동해로 가는 안목항

만월은 허심히 눈 감고

천지간을

엿보는데….

청초호 갯배에서

그믐밤 노래는
하늘까지 간절하고

먼 바다 수평선이
쇠줄처럼 당겨지면

숨 가쁜 그대의 갈증

기다림이

돋는다.

화진포의 여름 얼굴

숨 가쁜 땡볕이 또르르 말리고

사상의 정수리가 열사처럼 달아올라

침묵의 깊은 골짜기에

그대 얼굴을

띄웠다.

천진호 해당화

해 질 녘에 문을 연다 사랑 하나 밝히고

눈썹 위에 서린 한이 미리내에 걸치던가

밀물져 실려 올 미련을

이대도록

목 늘인다.

4부
빈집

빈집

산모롱이 돌아
언제쯤 살다 갔는지

우두커니 비어 있는
어스름 속 집 한 채

썰렁한 처마 그 아래

소식 없이

꽃이 핀다.

조팝나무

조팝나무 마른 가지
동쪽에서 손짓하고

지상의 한 칸 방을
남으로 열었더니

앓던 봄 떠돌던 가슴이

떡 범벅으로

피었다.

여우비 감상

후드득 비를 맞는가
시간 속에 남은 여자

둔해진 감각들이
깜짝깜짝 살 섞는 중

바람이 꿈틀거리며

하늘에다

길을 냈다.

수목 귀뚜라미

맨몸으로 크게 눕던
정녕 투명한 이 세월

향기는 향기를 불러
몸살 앓는 달빛인데

계절이 절정에 서면

한풀 꺾여

우는 짐승.

도기陶器 앞에서

기도는 아스라이 불꽃 위에 타오르고

산천이 화장을 하니 배경이 물러섰어

이제는 인간의 세월만

풀잎 접기에

들었지.

꿈

지나간 시간은
물속에 가라앉히고

사랑은 모든 기억도
손목 한번 잡는 셈 치니

팔선녀 꽃잎을 띄워

등불 켜는

중일세.

겨울 사냥

물수제비 날아간 곳 한낮 기운 산마을

몸을 낮춘 강물이 숨죽이고 망보나니

욕망도 햇볕 아래선

이웃처럼

낯이 익네.

주머니에게

어머니는 밥상이
아랫목이 아니었을까

어머니는 굽은 허리
사과나무가 아니었을까

어머니 그 무한한 허공

그 무량한

주머니.

나팔꽃

한가위 다 될 무렵
중키 사철나무에

파종한 것도 아닌
나팔꽃이 덮여 있다

연분홍 담담한 꽃잎들

낯선 삶에

붙어서.

겨울 폭포

내 희망의 고드름이 거꾸로 키 크던 날

도취도 미련도 없이 끈을 놓는 통에

여전히 생의 안쪽에

다투듯이

피는 꽃.

질문하는 잎새들

파르르
손 놓친 바람

잎새들은 장난이다

재미난 아랫목인가
이제 질문은 시작인데

허공의 광대무변이

못 견디게

궁금타.

매미

수수만 개 불화살이
날개에 꽂히고

움켜쥔 손톱 밑에
피血꽃이 피었다

생이란 벗는 허물이라는

벗지 못한

그리움.

고향

등허리가 가려워서
습관처럼 긁어주고

솟아난 눈물이
달빛 창에 젖어서

벌어진 세상 틈으로

돌아오고

말았네.

아카시아꽃

겨울이 아닌데도
눈송이는 휘날린다

청태산 이마 아래
줄지어 선 저 강물이

긴 계절 바람 소리를 받아

졸음처럼

스미다.

이별하기

날뛰는 바닷가 평화와 교미한 날

이내 인간의 혼돈이 이별을 흔들었다

영진 땅 머나먼 햇살이

빈말처럼

지는 거다.

송도 행방

별을 건지려고 바닷가에 나갔다

뜬 별을 지우려고 쟁반 달이 떴다

누구나 송정에 오면

가슴끼리

속삭인다.

회령푸른부전나비

유월이 연을 띄우듯 부전나비를 날린다

신비한 푸른빛이 물굽이에 숨는데

채집된 나비의 전설만

동강이

빚은 예술!

정암사 열목어

산도 물도 깊어져
타는 불이 뜨겁다

그대는 수면 아래
왕국 하나를 꿈꾸거니

희망과 교미한 운명이

닻줄 끝을

당기나.

단종우음 端宗偶吟

육신이 혼을 그려도 불꽃 당길 심지 하나

하늘의 층계에 오르다 인연을 숨죽이면

청령포 외로운 발치에

숨어 사는

역사여.

지상의 별

아, 나는 지상이다
누군가 별이 되어

얼굴 가슴 반짝이며
너른 집 한 채 짓는다

정직한 별 노릇 하며

나, 별이

되리라.

5부

베네치아

베네치아

바다가 인간을 건너
무성해진 나무와 숲

물길을 열어주는
새들을 날리면서

물보라 그 밀생을 찾아

갈피갈피

숨는다.

피렌체의 유월

유월의 천지가
잔바람에 파도친다

수수만년 흘러들었을
내 하얀 눈물을

봉우리 봉우리들이

여윈 몸을

눕혔다.

나폴리에서

사람은 무시로
바라보는 버릇이 있다

펼치면 멀어지는
지상의 은빛 날개야

이 두 눈 닫을 때까지

날아올라

퍼덕여라.

프라하의 하늘

끝없이 흘러가는 강물

블타바를 듣는다

날지 않을 수 없기로

운명 위를 나는 새

흘러서 당도한 바다

소용돌이

치고 있다.

아우슈비츠 수용소

벽에 기댄 꽃잎들은
별이 되어 떠간다

구름 속 가슴은
아직 초저녁인데

봉긋한
지상의 별들
날개 치던 새 무리.

비엔나 오페라하우스

여름 산 숲에
산새가 난다

초록의 생각 속에
나도 따라 난다

아무도 달랠 수 없는 일

노래만은

해맑아.

비엔나에서

지난날 나의 그리움
비눗방울처럼 날아올라

눈물의 아궁이 가득
그대 노래 지펴질 때

루돌프 그대 머리맡에

고요처럼

잠들다.

오스트리아 잘츠부르크

빗방울이 어지러워
가슴 복판을 비우고

저 먼 바다를 채워
촛불을 밝히노니

소금성 바람의 영혼이

하늘 닿게

춤춘다.

오스트리아 잘츠카머구트

산천초목의 나라가
바람처럼 성경을 외고

맹세코 이 지상은
희망만이 자유롭다

투명한 풍토병 아래서

지느러미가

길 가고.

헝가리 다뉴브강

하늘보다 바다보다
더 깊은 호수가 있다

원망보다 절망보다
아찔한 현기가 있다

소나기 몰려가던 날

우산 아래서

맞는 아침.

독일 노이슈반슈타인성

가장 단순한 솔밭길에
따뜻한 별들이 내린다

기도하는 나무들과
자꾸만 눈길을 건네며

무지개 찬란한 말씀이

휘어져

오르는 길.

체코 체스키크룸로프에서

외진 구름 아래로
소피 보러 갔습니다

잎새 반짝 실눈 샐쭉
자울자울 햇살들이

지구가 자못 팽팽해져

꽃 피우는

양쪽 볼.

노르웨이 플롬 산악열차를 타고

열차에 몸을 싣고 당신에게 달린다

멀어진 풍경이 초승달로 남아서

숨 가쁜 이내 속사정을

팔짱 끼고

엿본다.

실자라인 여객선

부리 노란 계절이 깃털 벗는 시간에

말문이 막힌 사랑을 황홀하게 열어두고

외롭던 등대의 넋이

햇귀 곱게

빛나더라.

스웨덴 바사호

변방에 별이 뜨자 바람이 분다

우리네 진한 믿음은 저같이 치열한데

산맥의 몸부림 너머에

꽃처럼

지는 목숨!

모스크바 붉은광장

나의 목숨 안에
우러른 한 개의 별빛

멀리도 왔다마는
신명 나게 떠돌아라

하 많은 혁명을 지나

바람처럼

다가오라.

시드니, 오페라하우스

그곳 가면 볼 수 있다는
남십자성 찾아가네

내 생의 마침표인
낯선 그대 찾아가는 길

토슈즈 핏방울 그대로

그대에게

닿으려네.

시드니에서

그대와 나의 시간이
딱새알처럼 따뜻하다

흔들림들 모아 모아
천둥소리 내었을 때

그 한때 유칼립투스 나뭇잎 철 같은 한때

물비늘로

빛났으리.

뉴질랜드 크라이스트처치

우리들이 가는 곳엔
강물도 산도 많았다

밝은 웃음으로 빛나던 것
그 먼먼 그리움

그리움 사랑할 수 없을 때는

긴 새 떼 되어

날아갔네.

뉴질랜드 퀸스타운

꽃잎 하나 벙글고
비어가는 내 영혼

문자文字 없는 깨달음이
무욕 속의 꿈길인가

사람만 가득한 세상

하늘 가득

별이 된다.

| 해설 |

개성 있는 목소리와 특출한 심미안

-단시조로 그린 피오르드 물빛

박시교 시인

1

이 근래 새삼스럽게 단시조에 대한 관심이 부쩍 높아지고 있다. 시조 전문지에서는 단수 발표란을 별도로 꾸미고 있고 또 출판사에서는 '단시조집'을 기획하여 시리즈로 묶어내는 등 일련의 작업이 그 예라 할 수 있다. 물론 그동안 단시조에 주목하지 않았던 것은 아니다. 몇몇 시인은 실제로 단시조만을 발표하기도 하였고, 모든 시인들이 시집에서 일정 작품을 단시조에 할애하기도 했다. 그러나 상대적으로 연시조에 밀려나 있었던 것은 부인할 수 없는 엄연한 사실이다.

이러한 시작詩作 태도는 시인 개개인의 창작 행위이므로 무어라고 지적할 일은 아니지만, 단시조가 바로 시조의 기본일진대 그 위의威儀를 시조를 쓰는 시인이 바로 세워야 마땅할 것이라는 점에서는 안타까운 일이 아닐 수 없다. 그런 의미에서 정정용 시인의 이번 단수시조집 『피오르드 물빛』은 더 각별하게 읽혔다.

그동안 『내 마음의 무릉도원』 『그대 위한 설악』 『우리, 동강 가는 노래』 『처용 아내의 허벅지에 바다가 찾아왔다』 『만물상 바람개비』 등의 시집들을 묶어낸 바 있는 정정용 시인의 이번 단수집이 그래서 더 관심을 모으는 것인지도 모른다.

이제부터 수록 작품 몇 편을 옮겨 읽으면서 그의 시적 성과를 살펴보기로 하자.

풍경이
풍경을 포개어서
첩첩산중이 되고

산 아래 또 어울린 산

사람보다 산이 많다

그쯤에 물이 물을 따라

호수 하나

안고 가네.
—「내 마음의 무릉도원」 전문

산모롱이 돌아
언제쯤 살다 갔는지

우두커니 비어 있는
어스름 속 집 한 채

썰렁한 처마 그 아래

소식 없이

꽃이 핀다.
—「빈집」 전문

"풍경이 / 풍경을 포개어서 / 첩첩산중"인 밑그림에 "산 아래 또 어울린 산"이 자리하였으니 사람보다 산이 많음은 당연한 사실, 그래도 그 첩첩산중에 사람의 작은 자리를 마련하려는 시인의 마음이 갸륵하다는 생각이 든다. 그렇다, 세상의 온갖 풍경에는 어떤 위치에 어느 정도로 그 자리를 차지할지라도 사람이 없다면 온전한 풍경이 이뤄질 수가 없기 때문이다. 거대한 자연에 끼워 넣은, 상대적으로 왜소할 수밖에 없는 사람의 위치를 통해서 시인이 무엇을 말하려 하는지는 굳이 설명을 필요로 하지 않는다.

또 있다. 종장 처리의 그 유려함을 새겨 읽지 않으면 이 작품을 온전히 이해했다고 할 수가 없다. 사람보다 산이 많은 "그쯤에 물이 물을 따라 // 호수 하나 // 안고 가네"라고 하여 화자 나름의 자연경관을 「내 마음의 무릉도원」으로 그려놓았다.

「빈집」도 이와 크게 다르지 않다. 다만 사람이 살다 간 흔적이 조금은 을씨년스러운 모습이지만 이 작품 역시 뛰어난 종장 처리를 통해서 분위기를 바꾸어놓는다. "산모롱이 돌아 / 언제쯤 살다 갔는지 // 우두커니 비어 있는 / 어스름 속 집 한 채"의 적막까지가 초 · 중장이다. 앞의 작품 「내 마음의 무릉도원」의 보법과 별반 다르지 않지만 종장의 "소식 없이 // 꽃이 핀다"는 결구結句가 바로 작품의 위상을 결정짓고 있었다.

꽃 이야기에 이어지는 두 편을 더 옮겨 읽기로 한다.

가슴앓이 울 너머엔
갈증이 황홀한 너

첩첩 산 유혹에도
떼봄은 한가롭고

편지의 구절구절이

봉대 풀 듯

피어난다.
—「목련」 전문

해 질 녘에 문을 연다 사랑 하나 밝히고

눈썹 위에 서린 한이 미리내에 걸치던가

밀물져 실려 올 미련을

이대도록

목 늘인다.

—「천진호 해당화」 전문

「목련」에서도 앞의 작품들과 마찬가지로 종장 처리가 돋보인다. "편지의 구절구절이 // 붕대 풀 듯 // 피어"나는 목련은 아름답다. 편지 구절구절과 붕대를 풀 듯하는 과정과의 조응, 여기에 꽃이 피어나는 모습과의 연관, 이러한 시적 발화가 바로 정정용 시인의 진면목을 보여주기에 부족함이 없다.

"밀물져 실려 올 미련을 // 이대도록 // 목 늘인다"라고 결구한 해당화도 마찬가지다. 구句와 구, 장章과 장의 자연스러운 연계와 함께 내용의 응축과 함의를 살펴 읽어야만 작품을 제대로 이해할 수 있다. 단시조의 매력은 그 보법의 유려함 못지않게 의미를 함축하고 있는 시어가 제 역할을 할 수 있도록 바른 자리에 배치했느냐 하는 점도 중요하다. 그런 의미에서 「목련」에서는 '붕대'가, 「천진호 해당화」에서는 '미련'이 시어로서의 그 역할을 감당하고 있었다.

2

정정용 시인은 이번 시집에 자신이 나서 자라고 몸담아 살고 있는 춘천과 강원도 일대 설악, 동강, 동해 들을 노래한 작품을 여러 편 싣고 있는데 그만큼 고향 산천에 대한 애정이 각별한 징표라 할 것이다. 아호도 춘천春川의 우리말 '봄내'로 지은 것만 보아도 그 성정을 알 수가 있다.

그 가운데 몇 편을 옮겨 읽는다.

창 너머 찾아온 산색
반눈 뜨고 바라본다

수채화 감상하듯
꽃물 들이는 봄내春川 바람

입 맞출 푸른 산맥이

불야성을

이루네.

—「춘천 이미지 1」 전문

문 닫고 불을 끄니

산맥 하나 누웠네

정녕코 달 밝은 것이

이같이 어우러져

청산이 내 곁에 와서

한 세월을

넘나든다.

—「춘천 이미지 2」 전문

슬픔은 슬픔끼리

친화하여 여울이 되고

기쁨은 기쁨끼리
출렁이며 휴식한다

소양호 타는 울음이

사람 세상

적신다.
—「소양호에서」 전문

「춘천 이미지」 두 편에는 '산색' '산맥' '청산'이란 시어들이 주요한 자리를 차지하는데, 이는 앞에서 인용한 작품에 등장하던 '첩첩산중'과 그 이미지가 겹친다. 이 같은 애정으로 "사람보다 산이 많다"는 그곳 여러 풍경을 마치 한 폭의 수채화처럼 환한 색조의 단시조로 그려놓고 있다.

"반눈 뜨고 바라본" "창 너머 찾아온 산색"이나 "문 닫고 불을 끄니 / 산맥 하나 누웠네"라고 하여 화자와 산과의 거리는 이미 지척을 넘어선 것으로 그린다. 그리하여 "청산이 내 곁에 와서 // 한 세월을 // 넘나"드는 경지에까지 다다르게 됨을 살펴볼 수 있게 하였다.

「춘천 이미지」가 산과 화자와의 관계 설정이라면 「소양호에서」는 여울과 사람 관계로 마음의 눈을 더 넓혔다고 할 수 있다. 즉, "슬픔은 슬픔끼리 / 친화하여 여울이 되고 // 기쁨은 기쁨끼리 / 출렁이며 휴식한다"라고 하여 삶의 한 곡진한 모습을 잔잔하게 그려놓고 있다. 이러한 시적 발화는 어느 한 경지에 이르지 않고는 함부로 표현해 낼 수 없는 것이라 생각된다. "소양호 타는 울음이 // 사람 세상 // 적신다"라고 한 종장 처리가 그 한 예라 할 수 있을 것이다.

앞에 인용한 산시山詩 들에 이어서 단수 네 편 연작 형태로 쓰인 「설악의 사계」 중에서 두 편을 더 옮겨서 읽는다.

은유 속의 젖무덤은
풀밭에 쏟아지다

유년의 파도 소리 또한 나직한 방언인데

이럴 때 세상의 시간은

밤도 낮도

설렌다.

―「설악의 사계 · 여름」 전문

시간은 잠들지 못하고
쉴 새 없이 들썩인다

나목들의 퇴적한 꿈
설악에 집을 짓고

유혹의 귓부리 위에

적설의 꿈이

시리다.

―「설악의 사계 · 겨울」 전문

인용한 두 작품에서 "은유 속의 젖무덤", "나목들의 퇴적한 꿈" 등의 표현은 앞의 작품들에 비해서 한결 돋보인다. "유년의 파도 소리 또한 나직한 방언인데"와 "유혹의 귓부리 위에 // 적설의 꿈이 // 시리다"라고 한 계절 변화의 예리한 직시도 작품의 성과를 높이는 한 요인이 되고 있음을 목격하게 된다.

시조에서 단수의 빼어남은 더 보탤 것도 조금 뺄 것도 없는 가장 적합한 완결미를 갖춘 상태임은 두말할 나위가 없다. 이러한 시적 성과는 자유시의 단시短詩에서도 그대로 적용되는 예를 소위 명편名篇이라고 지칭하는 작품들에서 우리는 이미 보아온 터다. 따라서 단시와 단수는 그 시적 성과 또한 서로 다르지 않다 할 것이다. 정정용 시인의 여러 편의 단수에서 그러한 느낌을 받았다.

3

어머니를 추억하는 시는 시인들마다 특별하고 살아온 여정만큼이나 또 색다르게 마련이지만 아련한 그리움을 담아낸다는 공통점에서는 별반 다르지 않을 것이다. 그런데 이제 소개하려는 작품은 조금 다르다.

어머니는 밥상이
아랫목이 아니었을까

어머니는 굽은 허리
사과나무가 아니었을까

어머니 그 무한한 허공

그 무량한

주머니.
—「주머니에게」 전문

아랫목에 밥공기를 묻어두어서 뒤에 올 식구들에게 밥의 온기를 간직해 주려 했던 옛 어머니의 정성이나, 몸을 돌볼 겨를이 없던 오랜 노고에 허리가 굽었던 모습은 여느 어머니나 다를 비가 없다. 그러나 "어머니 그 무한한 허공"에 닿으면 예사로움을 아예 벗어나게 되고, "그 무량한 // 주머니"라고 한 결구에 이르면 마치 출구를 잃어버린 듯한 착각에 휩싸이게 되고 만다. 왜일까? 어머니와 주머니의 연관성의 모호함 때문이다. 그런데 다시 "그 무한한 허공"과 "그 무량한 // 주머니" 두 구 앞에 '어머니'를 똑같이 놓아보면 화자의 의도를 쉽게 간파할 수가 있다. 어머니와 주머니의 관계 설정을 일반적인 문맥 해석

접근법으로 섣불리 규정해서는 안 되는 하나의 예라 할 만하다. 이러한 보법이 정정용 시인의 여러 작품에서 받게 되는 특별한 느낌이었다.

여행시는 자칫 스케치나 스냅사진과 같이 그 시인 개인의 소중한 추억 정도에 머물 수밖에 없는 경우를 자주 보아왔다. 그러나 단수의 묘법을 잘 살려서 단순한 풍경 그리기를 넘어섰을 때 작품으로서의 진정한 위치를 가지게 된다 할 수 있다. 이제 옮겨 읽으려는 작품도 그 범주에 드는 경우가 되겠다.

부리 노란 계절이 깃털 벗는 시간에

말문이 막힌 사랑을 황홀하게 열어두고

외롭던 등대의 넋이

햇귀 곱게

빛나더라.

—「실자라인 여객선」 전문

그곳 가면 볼 수 있다는
남십자성 찾아가네

내 생의 마침표인
낯선 그대 찾아가는 길

토슈즈 핏방울 그대로

그대에게

닿으려네.
—「시드니, 오페라하우스」 전문

은 같고 옥 같고
혹은 눈 같은 물빛

계절 따라 날씨 따라
구름 방향에 따라

잎새들 빛깔과 표정에

뜨고 지는

해와 달.

—「피오르드fjord 물빛」 전문

인용한 앞의 작품은 "부리 노란 계절이 깃털 벗는 시간"과 "말문이 막힌 사랑을 황홀하게 열어"둔 행위의 아름다운 교합이 이 작품을 돋보이게 하고 있다. 여기에 더하여 "외롭던 등대의 넋"과 "햇귀 곱게 // 빛나"는 순간을 시인의 섬세한 마음의 눈으로 잡아챘다는 점도 이채롭다. 실자라인 여객선에서 달맞이꽃을 바라본 그 찰나의 순간을 시인은 놓치지 않았던 것일까.

「시드니, 오페라하우스」는 "내 생의 마침표인 / 낯선 그대 찾아가는 길"의 여정이 "토슈즈 핏방울 그대로 // 그대에게 // 닿으려"는 화자의 간절한 의지를 엿볼 수 있게 하는 작품이다. "생의 마침표인 / 낯선 그대"에게 가기 위해 토슈즈에 핏방울이 맺히도록 찾아가겠다는 결연함이 단순한 여행시의 범주를 벗어나게 했다 할 것이다. 그의 시편들은 이와 같은 시적 긴장미를 놓치지 않고 있어서 읽는 재미를 더했다.

앞의 두 작품과 마찬가지로 이 시집의 이름이 된 「피오르드 물빛」도 그 오묘한 물빛처럼 아름다운 작품이었다. 종구終句 "뜨고 지는 // 해와 달"이라고 한 표현은 자연의 순환 법칙을 갈무리한 듯한 강렬한 느낌을 받게 하였다.

시집에 수록된 100편의 단시조를 읽고, 그중에서 필자 나름대로의 선정에 의해 가려 뽑은 몇 편만을 다루면서 정정용 시인의 이번 시집의 성과를 말하기는 미흡한 감이 없지가 않다. 그러나 내용상 몇 개 부류로 갈래를 지을 때 그 특성이 돋보이는 일부 작품을 살펴보는 것만으로도 시인의 내면에 접근할 수가 있고, 또 어느 정도는 그의 시의식을 이해할 수도 있다고 생각한다.

이러한 믿음을 받쳐주기 위해서는 다음의 두 가지 점이 무엇보다 중요하다 할 것이다. 그 첫 번째는 시인이 자신만의 개성 있는 독특한 목소리를 갖는 일이고, 두 번째는 그 개성에 못잖은 특출한 심미안을 갖추어야 한다는 점이다. 필자는 정정용 시인의 이번 단시조집 『피오르드 물빛』에서 위에 적은 두 가지 점을 분명하게 살펴서 읽을 수가 있었다. 그리고 단시조의 특성과 그 짜임을 잘 살려내고 있음을 확인할 수도 있었다.

정정용

춘천 출생. 아호 봄내春川.
《월간문학》 시조 신인상, 〈중앙일보〉 시조백일장 장원, 월간《아동문학》 동시조 신인상.
국제펜클럽 한국본부, 한국문인협회, 한국시조시인협회, 한국여성시조시인협회, 한국아동문학회 이사. 강원시조시인협회, 춘천여성문학회 회장 역임. 문학박사. 서울여자대학교, 한림성심대학교 출강.
황산시조문학상(본상), 동백예술문화상, 강원문학상, 기독교문학상, 크리스찬문학상(대상), 한국시조문학상, 춘천여성문학상 수상.
시집 『그대 위한 설악』('99 강원국제관광 엑스포 기념 시집) 『내 마음의 무릉도원』 『우리, 동강 가는 노래』 『처용 아내의 허벅지에 바다가 찾아왔다』 『만물상 바람개비』 『황진이의 춤』 『피오르드 물빛』.
bombomnae@hanmail.net

피오르드 물빛

—

초판 1쇄 2018년 5월 31일
지은이 정정용
펴낸이 김영재
펴낸곳 책만드는집

—

주소 서울 마포구 양화로3길 99 4층 (04022)
전화 3142-1585 · 6
팩스 336-8908
전자우편 chaekjip@naver.com
출판등록 1994년 1월 13일 제10-927호

* 이 책은 강원도, 강원문화재단 후원으로 발간되었습니다.

—

ISBN 978-89-7944-657-9 (04810)
ISBN 978-89-7944-513-8 (세트)